Los círculos de la tristeza

Los círculos de la tristeza

Daniel Barrera Hernández

Redacción:
Daniel Barrera Hernández - @barbacongafas
© Sergio Daniel Barrera Hernández

Primera edición: enero 2026

ISBN: 979-824-198-406-7

Editado y publicado de manera independiente

Edición, diseño y maquetación:
Daniel Barrera Hernández

Corrección de estilo:
Daniel Esteban Bustamante
Sara Iral Gutiérrez
Juan Sebastián Molina

Coescritora en "La Tormenta":
Ana María Gómez

Derechos reservados:
Esta obra está protegida por los correspondientes derechos de autor, por consiguiente, queda prohibida su reproducción total o parcial sin la debida autorización.

A Luisa.
A Juan, Samuel e Isabella.
A Norela.
A Sara.
Y a quienes han recorrido conmigo todos los círculos.

La tristeza no siempre se presenta de manera repentina. En ocasiones se posa lentamente, como la niebla que envuelve la ciudad sin que nos percatemos. No grita, no rompe: solamente se insinúa y, cuando nos damos cuenta de ello, ya nos ha envuelto totalmente. Es en ese momento cuando nos damos cuenta de que no caminamos en línea recta, sino a lo largo de un círculo.

Un círculo que parece repetirse incesantemente, con diferentes nombres: la familia, el amor, los amigos, la autorrealización personal, la propiocepción y el trabajo. Cada uno contiene una batalla personal, una tensión que reside en lo cotidiano. En ese lugar, donde otros dirían que todo es "normal", brotan las heridas más calladas.

Por ejemplo, el trabajo se vuelve un espacio en el que la dignidad se mide por horas, donde la rutina sofoca la pasión y donde continuamos buscando significado a pesar de todo. El amor de pareja se presenta como una promesa de eternidad, pero su reflejo se descompone en el agotamiento, en las palabras que no se dicen y en el temor a quedarse o perderse. Hallamos en las amistades traición y refugio, celebración y distancia: círculos que se abren y cierran con la misma facilidad que el clima cambia.

La autorrealización nos acosa como un espejismo: suponemos que la hemos logrado y se nos escapa, como si el círculo se ampliara justo en el momento en que creemos haber llegado a su límite. A menudo, la propiocepción —la forma en que habitamos nuestra mente y nuestro cuerpo— se transforma en una prisión. Nos miramos al espejo con más dureza que ternura, olvidando que la supervivencia es una forma de belleza. Y en la familia, origen y raíz, adquirimos el conocimiento más profundo del amor y también del sufrimiento.

Este libro surge de esos círculos que no se pueden ver. De ese andar en silencio que todos hemos vivido en algún punto. No tiene la intención de ser un mapa de victorias o un manual de salida. Aquí no hallarás respuestas concluyentes, pero sí un espacio de resonancia. Porque al nombrar lo que nos duele, comienza a producirse un cambio: la tristeza deja de ser prisión y empieza a ser sendero.

Esta es una manera de reconocer que la tristeza no es un enemigo, sino una maestra, que su geometría nos enseña tanto como la alegría, y que incluso en los giros más oscuros siempre se puede encontrar una rendija por donde entra la luz.

Al final, no se trata de salir de la tristeza, sino de aprender a danzar con ella. Porque la vida misma es un círculo: termina donde empieza, y sin embargo nunca es igual.

Primer círculo.

Ya no nos explotan otros,
nos explotamos solos,
como si la voz dentro del pecho repitiera:
"puedes más, debes más, sé más".

Un laberinto sin puertas,
un río que se enrosca sobre sí mismo.
Aquí los poemas hablan con voz cansada,
se levantan como obreros invisibles,
y nos recuerdan que no somos máquinas,
que en algún lugar
hay una vida esperando ser vivida.

El trabajo es un dios de muchas manos,
que devora minutos y ofrece migajas de sentido...

El reloj que sangra

¿Qué sentido tiene vivir?
La pregunta se repite
como eco en un pasillo vacío,
y nadie responde.

      Tic

           No somos más que ladrillos,
           un número,
           una estadística en un cuadro de datos
           que alguien mira sin mirarnos.

Tac

    La vida se va poco a poco, minuto a minuto,
    somos más viejos, menos sabios,
    y el recuerdo se esfuma
    como humo en un pasillo sin ventanas.

      Tic

           No somos sino el reflejo del sistema,
           peones que repiten rutinas
           con las manos gastadas
           y el alma en pausa.

Tac

    El reloj compite con su propio ritmo,
    corre, late, muerde los segundos
    y yo corro detrás,
    sin norte, sin mapa,
    viendo cómo los días se vuelven cifras
    y las noches borradores de sueños.

Tic-tac, tic-tac

La vida es más compleja
pero también puede ser más mía,
si aprendo a escuchar mi propio pulso
en lugar del suyo.

Números

Un cuerpo.

       Dos personas que habitan en mí:
       la que obedece, y la que huye.

Tres sueños que no logré este año.

       Cuatro paredes que me cercan.

Cinco dedos golpeando un teclado
que no escribe mi historia.

       Seis horas que pesan como sesenta.

Siete tareas cumplidas,
y ninguna me pertenece.

       Ocho veces pienso en irme.

Nueve pasos hasta la puerta
que no lleva a ningún lugar.

       Diez veces me repito:
       "el trabajo no me define",
       y diez veces el impostor
       me grita lo contrario.

La oficina sin ventanas

La oficina sin ventanas
no es la que encierra,
        soy yo.

Soy yo quien olvida
que valgo más
que el reflejo cansado
que deja este escritorio.

En blanco

He llenado tantas hojas con fechas,
con cargos, con logros prestados.
Cada línea parece decir quién soy,
pero cuando la leo,
no me reconozco.

La angustia se sienta conmigo,
me pregunta qué falló,
me recuerda las expectativas
que otros escribieron por mí.
Miro mis manos: no sostienen diplomas,
sostienen cansancio,
sostienen nada.

La hoja de vida está en blanco,
      y duele.
Pero en ese vacío
aparece el niño que fui:
ojos limpios, bolsillos de tierra.

Lo abrazo.
Y entiendo que mi vida no está vacía,
que seguir soñando
      es el único logro
           que nadie me puede quitar.

El dios del cansancio

La noche se derrama como un río,
me invita a descansar en su corriente,
pero su abrazo late indiferente,
me ahoga en un caudal sombrío y frío.

El dios del cansancio observa en desvarío,
su altar está en mi cuerpo decadente;
me entrega un sueño falso y persistente,
un don que nunca alivia ni es mío.

La cama es solo un tránsito sin calma,
un laberinto oscuro que me envuelve,
un simulacro de paz, sin sosiego.

Despierto con la sombra en vez del alma,
el día me reclama y me devuelve
al ciclo donde nada tiene ruego.

Viernes

Entra como un amigo esperado,
me sonríe con la boca llena de promesas.
Me ofrece copas, risas,
la tregua que anhelaba.

Pero en cuanto me acerco
se disuelve en humo.
No es refugio, es espejismo.
No es descanso, es máscara.

Viernes me engaña con su luz,
me tiende la mano
y me arrastra de nuevo al mismo círculo.
Su voz repite:
        "mañana será distinto",
y yo, cansado, quiero creerle.

La gente lo celebra,
yo lo entierro cada semana.
Viernes llega como un amigo con flores marchitas,
promete tregua,
 y me entrega de nuevo al mismo encierro

El viernes es un espejo,
me devuelve un rostro exhausto
que confunde vivir con producir.
Y me pregunto, demasiado tarde:
        "¿qué día de la semana
          me dediqué a mí?"

Eterno

Amanece igual que ayer.
El día no comienza, continúa:
      todo se repite.

El trabajo me traga sin dejar huella,
mi nombre se vuelve contraseña,
      todo se repite.

Intento huir,
pero la puerta abre el mismo cuarto,
el cuarto el mismo reloj,
la serpiente su propia cola:
      todo se repite.

La noche llega sin llegar,
duermo y sigo despierto en el mismo turno.
El grito regresa vacío a mis oídos:
      todo se repite.

Sueños en pausa

Son las seis de la mañana.

Miro la calle vacía
y me descubro en silencio,
preguntándome qué hice con los años.

He corrido tras relojes,
he firmado papeles,
he cumplido sueños ajenos
con la docilidad de un obrero fiel.

        ¿Y los míos?
Los guardé en cajones cerrados,
los congelé en libretas sin tinta,
los miré desde lejos
como si fueran juguetes prohibidos.

Ahora pesan como piedras en el pecho.
Me pregunto si aún laten,
si todavía me esperan,
o si murieron en la pausa
donde los dejé.

El sol se levanta con paciencia,
yo sigo en el balcón,
tomando un café sin sabor
y preguntándome
"en qué puto momento mi vida dejó de ser mía."

Manual del obrero invisible

Despiértate antes que el sol salga.
Que tu primer aliento no sea tuyo,
sino de la fábrica,
de la oficina,
del reloj que ya te espera.

Levántate sin ruido.
Recuerda que tu vida no debe perturbar la vida de otros.
Camina con la cabeza baja,
sé sombra en la calle,
rostro perdido en la multitud.

Llega puntual, aunque nadie lo note.
Pon tu firma en la planilla
y entrégala como quien entrega su nombre
a una boca hambrienta.

Siéntate en la fila de cuerpos repetidos.
Tu espalda será la espalda de todos,
tus manos, las manos de nadie.
Respira, pero con cautela:
el aire que tomes podría parecer un lujo.

Produce.
Hazlo sin gloria,
hazlo sin pausa.
Hazlo, aunque duela,
aunque tu cuerpo se convierta en máquina,
aunque tus sueños ardan en un cajón cerrado.

Cuando preguntes "¿para qué?",
recuerda que no hay respuesta.
El sistema no conversa,
solo mastica.
Y tú eres parte de su alimento.

Al mediodía mastica rápido.
No disfrutes, no saborees:
solo traga para no morir,
y vuelve al teclado,
a la palanca,
a la cinta que nunca se detiene.

Cuando llegue la tarde
no esperes agradecimiento.
Tu nombre no será dicho,
tu esfuerzo no será recordado.
Sal despacio,
como si no hubieras estado nunca.

En casa, guarda silencio.
No hables de cansancio,
no hables de sueños,
no hables de ti:
nadie quiere escuchar la voz
de quien sostiene el mundo desde la sombra.

Duerme pronto, pero sin soñar demasiado.
Tus sueños podrían rebelarse,
y no hay lugar para rebeldes en este manual.

Mañana repetirás la lección.
Mañana volverás a desaparecer.
Porque así vive el obrero:
cumpliendo las instrucciones que otros escribieron,
borrando su rostro
para que el mundo siga de pie.

Café sin aroma

Taza vacía,
el vapor se disuelve,
no queda nada.

Bebo la sombra,
un sabor sin memoria,
madrugadas.

Boca cansada,
el café no despierta,
solo me mata.

En fila

Un cementerio de espaldas torcidas,
cuerpos alineados como lápidas iguales.

El aire es ceniza,
el tiempo, un ácido que corroe las manos.
Cada silla arranca un hueso,
cada fila es una fila de ataúdes.

Somos ladrillos de un muro podrido,
eslabones oxidados en la misma cadena.
Aquí no hay nombres:
solo un murmullo de máquinas
        que devoran lo humano.

Pero dentro de mí arde un incendio.
        Quiero prender fuego a este salón,
ver el humo subir como una plegaria rota,
oír el techo derrumbarse,
sentir el piso abrirse bajo la rutina.

Prefiero ser escombro que ladrillo,
prefiero el vacío que la obediencia,
prefiero el grito del derrumbe
al silencio interminable de la fila.

Solo yo respiro,
rodeado de ruinas,
        al fin fuera del muro
        que nunca debió existir.

La jaula

Vivía en una jaula sin barrotes,
hecha de relojes,
pantallas,
y miedo.

Su escritorio era frontera,
sus papeles, cadenas invisibles.
No podía salir,
pero su mente viajaba lejos.

Imaginaba universos donde los días no se contaban,
donde la gente despertaba para vivir
y no para obedecer.

En esos mundos era otro:
sus manos creaban,
su voz tenía nombre,
su cuerpo respiraba sin prisa.

La jaula lo sostuvo hasta el final,
        pero dentro de él
        siempre hubo una grieta luminosa:
        la certeza de que en algún lugar
        existía una vida distinta.

Salario del alma

Ofreció el cuerpo en la ofrenda,
en el altar del sudor,
la herramienta fue su flor,
y la fatiga, su agenda.
El jornal nunca se enmienda,
la oración quedó gastada,
la esperanza arrodillada,
el pan partido en cadenas.
Y en las manos siempre ajenas,
su propia vida entregada.

Ya no era un hombre, era peso,
un jornal en la libreta,
una cifra incompleta
que se esfumaba en exceso.
Con cada oficio, un regreso
a un vacío sin salida:
pan ganado, fe perdida,
y la esperanza vendida.
El pago nunca alcanzaba,
era su alma la herida.

El descanso

El trabajo no es mi nombre.

Soy quien respira hondo al amanecer,
quien camina descalzo por la hierba húmeda,
quien escucha su propio pulso
y descubre que aún late distinto.

El impostor que me habita
gritó durante años,
        pero hoy lo miro a los ojos
        y se desvanece en silencio.

No vine al mundo a sostener relojes,
vine a mirar el cielo,
a abrir ventanas,
a sembrar palabras que florezcan en otros.

El descanso no es derrota,
es la victoria más íntima:
detenerse, cerrar los ojos,
y sentir que todavía estoy vivo.

Por fin llegó la certeza
de que la vida no se mide en horas,
sino en instantes plenos,
en sueños que vuelven a crecer,
en abrazos que no caben en ninguna planilla.

        Todo va a estar bien.

Porque lo que soy
no cabe en un salario,
ni en un escritorio,
ni en ninguna jaula.
      Lo que soy, al fin,
      es un hombre libre.

Segundo círculo.

El amor abre las puertas del paraíso
y también los pasillos del abismo.
Se ofrece como llama eterna,
pero a veces arde demasiado,
dejando cenizas donde antes había piel.

Aquí la tristeza llega
de la mano del deseo insatisfecho,
de las promesas incumplidas,
del silencio que pesa más que cualquier palabra.
El amor de dos es un círculo de espejos:
uno refleja al otro,
y en la grieta del reflejo
se descubre la soledad más honda.

La tristeza se convierte en nostalgia por lo que fue
y en vacío por lo que nunca llegó a ser.

Sábanas

Yo los sostuve.
Sobre mí dejaron huellas de deseo,
risas que aún guardo en silencio,
sudores que parecían eternos.
Fui testigo del amor encendido,
de las madrugadas en que el mundo
se reducía a dos cuerpos temblando.
      Guardé sus secretos,
sus palabras rotas entrelazadas en la penumbra,
el calor de sus manos buscando refugio.

Pero el fuego se apagó.
Las caricias se hicieron escasas,
el roce se volvió rutina,
contuve las lágrimas que ninguno confesó,
absorbiendo la sal de su distancia.
Escuché discusiones ahogadas, promesas quebradas,
el eco del silencio más largo.
Ahora descanso bajo sus cuerpos
como quien sostiene dos islas distantes.
Se acuestan en mí como extraños,
se giran sin tocarse, habitan la misma cama,
pero duermen en universos separados.

Y yo, una cama gastada, me rompo en hilos de llanto,
me desgarran sus silencios
hasta convertirme en ceniza blanca,
testigo inútil de un amor
que murió entre mis pliegues.

Idiomas

Al principio creí que bastaba mi voz.
Que con decirte lo que sentía
serías capaz de escucharme.

Te escribí cartas,
te envié señales,
llené los días de palabras simples
que eran gritos disfrazados.

Pero cada gesto mío
se estrellaba contra una pared invisible.
No entendías.
O yo no sabía traducirme.

Y entonces empecé a callar.
Me fui apagando poco a poco,
cuidando que no doliera tanto,
hasta convertirme en piedra.

Ahora me miro en el espejo
y casi no me reconozco:
fui sensible,
fui blando,
fui alguien que soñaba con ternura.

Hoy soy frío.
Un idioma muerto.
Una lengua que nadie quiere hablar.

Te vi marchitar frente a mí.
Tu voz, antes río,
se volvió piedra en el fondo del silencio.

Y no sé si fue mi culpa.
Quizá nunca supe escuchar
lo que querías decir.
Quizá nunca aprendí el idioma de tu amor.

Quise sostenerte,
pero mis manos eran torpes.
Quise hablarte,
pero mi lengua estaba rota.

Te veía apagarte
y yo también me apagaba,
queriendo gritar:
"Vuelve a ser quien eras,
el sensible, el blando, el que soñaba."

Pero no encontré palabras.
No supe traducir mi deseo.
Y en ese vacío
me quedé muda,
mirándote arder en frío.

Hoy me repito, a solas,
que aún deseo aprender tu idioma,
volver a entender tus gestos,
dejar que el mío se escriba en tu piel.

Que aún sueño con el reencuentro:
con hallar la lengua común
que nos devuelva, aunque sea por un instante,
a los dos que fuimos antes de perdernos.

El adiós suspendido

La despedida ya habita la casa.
Está en las tazas sin lavar,
en las palabras que no se dicen,
en los ojos que se esquivan.

Sabemos que terminó
como se sabe que un reloj se detuvo,
aunque siga marcando la hora.
Pero nadie se atreve a tocarlo,
nadie quiere romper el silencio.

Existimos uno junto al otro
como dos pasajeros en el mismo tren
que saben que se acerca la última estación
pero fingen mirar por la ventana.

El adiós se estira en el aire
como una cuerda floja,
no se corta ni se tensa del todo,
solo nos sostiene,
nos mantiene en un equilibrio
que duele más que la caída.

Y así seguimos:
esperando que el otro dé el primer paso,
que pronuncie la palabra final
para poder también respirar.

Pero la palabra no llega.
Se queda suspendida,
como un nudo en la garganta del tiempo,
　　　como un secreto que nadie quiere confesar.

Cartas que no envié

5 de febrero
Te vi por primera vez.
No supe si era risa o relámpago,
pero quise guardarlo todo en una hoja.
No escribí nada.

> **3 de marzo**
> El café tenía tu nombre.
> Pensé en invitarte,
> pero la taza se quedó fría en mis manos.

25 de marzo
Imaginé tu voz en mi buzón,
pero al abrirlo solo había cuentas.
El mundo me devolvía la realidad
cuando yo solo buscaba tu sombra.

> **17 de abril**
> Te soñé.
> No estabas conmigo,
> pero desperté con tu voz en la boca,
> como si la hubiera pronunciado mil veces.

9 de junio
Intenté escribirte una carta entera.
La rompí.
Era demasiado real,
y el miedo me ganó.

22 de agosto
Vi tu mano entrelazada en otra.
Quise escribirte un reclamo,
pero la hoja solo tembló.

5 de septiembre
Compré un sobre y un sello.
Nunca puse la dirección.
¿A dónde se envía lo que nunca existió?

14 de octubre
El silencio es más pesado que tu ausencia.
Hoy solo escribí tu nombre
en una servilleta rota.

30 de noviembre
Pensé en despedirme.
Puse "Adiós" al inicio de la hoja,
pero la palabra me dolió tanto
que nunca la terminé.

5 de enero
Ha pasado un año.
Nunca fui tuyo, y tú nunca fuiste mía.
Quedan estas cartas sin enviar,
testigos mudos de un amor
que solo existió en mi papel.

6 de febrero
Escribo otra vez,
pero no sé cómo empezar.
Quizá con tu nombre,
quizá con el mío.
Quizá esta carta tampoco termine.

Cenizas

Ardimos.
Fuimos hoguera abierta,
llamas que devoraban la noche
sin pedir permiso.

Después llegó el viento,
la rutina,
       el cansancio,
              y el fuego se fue apagando.

Ahora somos cenizas.
Polvo gris en la memoria,
fragmentos de lo que ardió,
restos tibios que nadie mira.

Pero cuando el silencio respira
todavía se escucha un crujido,
como un carbón que se niega a morir.

Quizá el fuego no se ha ido del todo,
quizá bajo las cenizas
aún late una brasa escondida,
esperando un soplo,
una chispa,
       una mano que se atreva.

Promesas rotas

En nombre de lo que juramos,
que descansen en paz las palabras.

Prometiste quedarte.
Que repose tu ausencia.
Prometí cuidarte.
Que duerma mi cansancio.
Prometimos hablarnos.
Que el silencio sea nuestra lápida.
Prometimos construir.
Que las ruinas sean el altar.
Prometimos la verdad.
Que la mentira arda en incienso.
Prometimos tiempo.
Que el reloj se detenga en su tumba.
Prometimos futuro.
Que el polvo lo cubra entero.
Prometimos amor.
Que reciba sepultura.

Y aquí me quedo,
rezando sobre piedras invisibles,
velando el cementerio de juramentos
que nunca resucitarán.

Amén.

El eco de tu nombre

Abro la puerta.
La casa está vacía.
El aire huele a polvo,
a abandono, a despedida.

Tus pasos ya no suenan.
Tus cosas ya no están.
El reloj sigue andando,
pero el tiempo aquí se detuvo.

Digo tu nombre
y me responde un gemido.
Y se parte mi garganta.
Y lo único que regresa
es el eco de mi propio dolor.

La mesa, el sofá, la cama,
todo me devuelve la misma palabra:
nadie.

Digo tu nombre,
una y otra vez,
hasta quedarme sin voz,
hasta entender que ya no estás,
hasta aceptar que lo único que me queda
es este vacío que repite tu ausencia
para siempre.

La casa está vacía.
Y yo también.

La tormenta
coescrito con Ana María Gómez

Hay días en que no soporto el silencio.
Hay noches que son ruido puro,
y en ellas aparece esa versión de mí
incapaz de habitar la soledad.

No quiero más mitades,
más cuerpos a destiempo,
más sombras disfrazadas de compañía.

La vida se vuelve un laberinto.
Qué difícil nombrarse,
qué extraño ser entendido,
qué absurdo este amor que promete curar
y a veces deja heridas más hondas.

Qué duro mirarse al espejo
y aceptar la luz y la sombra.
Qué extraña esa frontera
entre quedarse en lo viejo
o empezar de cero.

¿Qué hay después del amor?
¿Qué hay después del silencio?
¿Qué hay después del duelo,
cuando enterramos el lenguaje compartido,
cuando apagamos las maneras de ser
que nos tejían con alguien?
¿Qué hay después del adiós?
¿Qué hay después de hablar con Dios?
¿Qué hay después del ruido?

¿Y qué vendrá después de esta soledad?
¿Qué vendrá después de la tormenta?
No creo en arcoíris,
no creo en soles redentores.

Después de la tormenta solo queda lodo,
árboles arrancados,
cielos heridos,
personas obligadas a empezar de nuevo.

Así que no: no es el sol.

Después de la tormenta estoy yo.
Yo, recogiendo restos,
convirtiéndome en fantasma
que oye, pero no comprende,
que huye de las miradas inquisidoras.

Después de la tormenta estoy yo,
aturdido,
tratando de arrancar las cadenas,
buscando lo que aún se puede salvar.

Después de la tormenta estoy yo,
pidiendo ayuda sin pedirla,
sabiendo que necesito sostén
pero sin querer formar parte de la fila
como si la salvación viniera del cielo.

Después de la tormenta estoy yo,
entendiendo que vivir al borde
fue una mala apuesta.

Después de la tormenta estoy yo,
repitiéndome en silencio
que debí irme antes
de que todo se derrumbara.

Después de la tormenta estoy yo,
con el pecho abierto,
con la voz hecha desahogo,
con la certeza de que sigo aquí,
aunque ya nada sea igual.

Para Ana María, para que el sol salga después de la tormenta.

Lo que nunca te confesé

No sé si escribirte tiene sentido.
Capaz no vas a leer esto,
capaz sí,
y no te importe.
Pero necesito dejarlo aquí,
aunque sea para mí,
para no seguir repitiendo en la cabeza
todo lo que no dije.

Éramos hogar.
Eso era lo que más dolía:
que contigo podía ser yo sin miedo,
sin cuidar las palabras,
sin medir los gestos.
Y un día, sin explicación,
te fuiste apagando.
Ya no reías igual,
ya no escuchabas,
ya no estabas,
aunque dijeras que sí.

Intenté quedarme,
aguantar la distancia,
esas conversaciones que se volvían incómodas,
esas respuestas breves
que parecían un muro.
Pensé que era una etapa,
que estabas cansada,
que pronto volverías a mirarme como antes.

Pero no.

Fuiste vos quien cambió.
Fuiste vos quien empezó a esconderse
detrás de una versión tuya
que ya no me reconocía.
Y yo me quedé esperando
a alguien que no iba a volver.

A veces me pregunto si hice algo mal,
si fui demasiado,
si pedí más de lo que podías dar.
Pero después me acuerdo
de todas las veces que estuve,
de las noches que te escuché en silencio,
de los días en que me tragué mis propias lágrimas
para no preocupar a nadie,
y vos ni siquiera notaste que estaba roto.

Eso fue lo que más dolió:
no perderte,
sino darme cuenta
de que ya me habías perdido hace rato.

Ahora me cruzo con gente que te menciona
y sonrío por reflejo,
como si no me temblara nada por dentro.

Hablo de vos como si fueras un recuerdo,
pero la verdad
es que todavía estás en todo.
En las canciones,
en los lugares,
en las frases que no puedo decir sin escucharte.

No te odio.
No sé si podría.
Pero me duele verte seguir
como si nada hubiera pasado,
como si yo no hubiera sido parte
de tu historia,
de tu risa,
de tu vida.

Te juro que intento olvidarte,
que he borrado mensajes,
fotos,
hasta tu número de mis contactos.
Pero hay cosas que no se eliminan.
El cariño, por ejemplo.
O la costumbre de pensar en vos
cuando algo bueno me pasa
y me doy cuenta
que ya no tengo a quién contárselo.

Si algún día lees esto,
no te sientas culpable.
Solo quiero que sepas
que me dolió.
Que todavía me duele.
Y que, a pesar de todo,
te deseo algo parecido a la paz
que me prometías cuando reías conmigo.

Porque, aunque el cariño cambie,
y el amor se oxide,
la herida sigue siendo nuestra.
Pequeña, sí,
pero profunda.

Cita en ruinas

No dijimos nada.
La lluvia nos cayó encima
como si también ella quisiera olvidarnos.

El café se enfrió.
Tus manos jugaron con la taza
sin buscar las mías.
Yo miré el reloj,
solo para fingir que aún quedaba tiempo.

Hablamos del clima,
del tráfico,
de lo bien que se veía la ciudad desde allí,
como si la distancia fuera un tema neutro.

El silencio llegó primero.
Después llegaron las miradas vacías.
Después, la certeza:
ya no éramos nosotros.

Estamos en la puerta del lugar.
Todavía sonríes.
Dices que te gusta el olor del café,
que esperabas verme.
Yo asiento, nervioso,
sin saber que esa frase
sería un futuro en ruinas.

Estamos escribiéndonos,
jugando con la idea de vernos.
Cada mensaje parece una promesa
que el tiempo aún no ha roto.

Hay emoción,
una ingenua fe en el comienzo.

Ahí estás tú,
riéndote en una tarde cualquiera,
sin saber que algún día
yo escribiría este poema
sobre el final que ya nos esperaba.

La tregua imposible

I
Se alzó la voz como espada,
ardió el amor en su nombre.
Nadie venció la jornada,
solo sangraron los hombres.

Firmamos tregua en la herida,
sobre ceniza y mentira.
Juramos paz confundida,
pero el dolor no respira.

II
Tus ojos fueron bandera,
mi pecho, tierra olvidada.
Cada palabra, trinchera,
cada silencio, emboscada.

Nos abrazamos cansados,
como soldados sin causa,
con los latidos cruzados
en un adiós que no pasa.

III
Quise alzar la blanca tela,
tú cargabas la sospecha.
El alma, vieja centinela,
ya no escuchaba la fecha.

En el fragor de la pena
caímos cuerpo con cuerpo.
La guerra fue nuestra escena,
y el amor, campo desierto.

IV
Que escriban en los cantares:
murieron por lo imposible.
Que el eco diga a los mares
que amar también es fusible.

Y que la historia recuerde,
sin victoria ni regreso,
que el alma, cuando se pierde,
no halla bandera ni beso.

Días sin piel

Ya no recuerdo tu forma.
El cuerpo se ha ido borrando
como un dibujo bajo la lluvia.

Tu olor se volvió viento,
tu voz, eco en el agua.

Hay días en que me busco
y tampoco me encuentro:
        me estoy borrando contigo.

El deseo se hizo humo,
la memoria, ceniza tibia.

Ya no queda fuego,
solo un leve resplandor
donde alguna vez
fuimos piel.

La casa de las dos puertas

Se vende.

Dos entradas,
ninguna salida.
Dos llaves,
pero ninguna abre lo mismo.

Amplia sala con silencio incluido,
paredes que aún conservan
el eco de antiguas discusiones.

Cocina sin fuego.
Dormitorio doble,
camas separadas por la costumbre.

Ventanas con vista al pasado,
persianas que se bajan solas
cuando alguien menciona el amor.

Pisos firmes,
aunque las grietas ya conocen los pasos.
Techo alto,
ideal para guardar promesas que se caen.

El agua gotea donde antes hubo ternura.
El aire huele a espera.
Las luces fallan al anochecer.

Se vende con historia incluida,
con un jardín donde crecen
las cosas que no dijimos.

La casa está vacía,
pero tiene algo particular.
Dos puertas.
Una para entrar.
Otra para huir.

La llama que vuelve

He cruzado la oscuridad
buscando respuestas en el eco.
He amado con miedo,
he confundido ternura con culpa,
y llamé amor
a todo lo que dolía.

Pero el tiempo,
con su paciencia de agua,
me enseñó que el amor no se extingue:
se transforma,
cambia de cuerpo,
muta de fuego a brasa,
de herida a claridad.

Ya no busco amor que salve,
ni una promesa que me ate.
He aprendido que amar
no es entregarse al dolor,
sino al movimiento.

El amor está en la calma,
en la risa que vuelve sin aviso,
en la voz que nombra sin miedo,
en la certeza de seguir vivo.

He dejado atrás las ruinas.
Ahora sé que el amor no se termina,
que no hay cuerpo que lo encierre,
ni adiós que lo borre.

Solo basta una chispa —
mínima, silenciosa,
apenas un pulso —
para que vuelva la llama.

Naranja

Hoy desperté con sed de palabras,
con ese impulso terco de hablarle al amor.
No al que partió sin decir adiós,
ni al que se esfumó en sueños que no fueron,
ni al espejismo que se disfraza de querer
y al final solo deja espinas.

Hoy le escribí al amor que queda,
al que florece en lo simple:
una canción que comparto y te nombra,
un meme que ríe como vos,
una frase que me lleva hasta tu abrazo.

Le escribí al amor que me hace detener el paso
frente a un atardecer naranja,
porque en cada tono del cielo
se dibuja tu sonrisa.

Le escribí a las ganas de cocinarte,
a los abrazos que aún no entrego,
al tiempo compartido que imagino sin relojes.

Hoy me atreví a llamarle amor,
aunque a veces parezca un delirio.
Porque sí, en su esencia hay locura,
pero también hay una calma que abriga,
un goce que no exige,
un pacto de miradas y silencios.

Hoy no celebro un final ni un comienzo:
celebro que existas,
que al pensarte, la vida tenga música,
que al nombrarte, el mundo respire distinto.

>Y si esto no es amor,
>que no me importe el nombre.

Tercer círculo.

La amistad es un refugio
que a veces se convierte en ruina.
Es la risa compartida,
pero también la silla vacía
que nadie ocupa ya.

Aquí la tristeza se disfraza de nostalgia,
de mensajes que nunca llegan,
de nombres que se apagan en la memoria.
Las amistades son círculos
que se abren como flores
y se cierran como puños.

La lealtad puede quebrarse,
e incluso el afecto tiene fecha de caducidad.

El vacío

Te fuiste.
         Y con vos se fueron las risas.

Al principio hablábamos seguido,
como si la distancia fuera un juego.
Después vinieron los silencios.
         Después, nada.

No sé en qué momento
dejamos de reconocernos.
         Tu voz se volvió eco,
la mía, ruido.

A veces intento escribirte,
pero no encuentro palabras
que no suenen a adiós.

Reviso fotos viejas
buscando la versión de nosotros
         que todavía se reía.

Ahora solo queda esto:
         un hueco entre dos nombres
que alguna vez fueron casa.

En el baúl

Guardo tus risas
como se guardan las cartas viejas:
dobladas,
       amarillentas,
              pero intactas.

A veces las escucho sin querer,
cuando algo me recuerda
aquellos días
en que reírnos era suficiente.

Éramos torpes,
felices sin saberlo.
Inventábamos excusas para vernos,
       para no crecer todavía.

Hoy casi no hablamos,
pero sigo encontrando tu voz
       en canciones viejas,
en frases que solo vos y yo entendíamos.

No sé si la vida nos alejó
o si fuimos nosotros
quienes dejamos de volver.

Solo sé que hay risas tuyas que aún viven en mí,
como archivos que me niego a borrar.

¿Otra vez?

Se fue un amigo.

Sin pelea,
sin razón.
Solo el silencio de siempre.

De un momento a otro
ya no hay nada.

Me quedo con el cariño en las manos,
sin saber qué hacer con él.

>   ¿Será que soy yo?
>   ¿Será que todo lo que toco se quiebra?

No entiendo cómo algo tan simple
se convierte otra vez en distancia.
>   Solo sé que duele,
>   aunque ya me duela menos.

La calle y la carrera

Nos cruzamos una vez,
en un punto preciso,
breve, inevitable.

Después seguimos en direcciones opuestas.
Vos aprendiste a amar el ruido,
yo elegí el silencio.
El tiempo hizo su trabajo,
nos volvió distancia,
historia, pero no olvido.
A veces, cuando paso por aquella esquina,
todavía escucho tu risa doblando la cuadra.
    Es un eco leve,
como si la ciudad
supiera guardar memorias que nosotros no.

Hay algo tuyo que quedó en mí:
una forma de mirar el cielo,
un gesto al hablar,
un recuerdo que no duele,
pero tampoco se va.

    Somos eso:
dos direcciones que se cruzaron
una vez, y dejaron marca.
Porque, aunque el mapa cambie,
    siempre hay un punto
        donde la calle y la carrera
            vuelven a encontrarse.

Silencio entre copas

Pedimos vino por costumbre,
por no aceptar que ya no hay nada que brindar.

El cristal suena,
y por un instante parece una plegaria:
      un tintineo que intenta revivir
        lo que el tiempo ya decidió enterrar.

Entre nosotros,
la mesa parece más larga.

El mantel guarda migas antiguas,
restos de conversaciones que se apagaron
sin hacer ruido.
El vino cae despacio, espeso, oscuro,
como si también supiera
que no habrá segunda ronda.
Hay una distancia exacta
entre tu copa y la mía.

Las palabras se disuelven en el aire,
como si tuvieran miedo de quedarse.
El clima, el trabajo, el tráfico,
pronunciados solo para tapar el hueco.

Tu risa —la recuerdo— solía llenar todo.
Ahora apenas vibra en los bordes del vaso,
como un eco rendido.

Nos miramos,
y ese segundo basta para entenderlo:

no somos los mismos.

Quisiera decir algo verdadero,
pero la sinceridad ahora sería grosera.
El silencio, en cambio, es elegante.
Duele con estilo.
Por eso nos levantamos sin apuro,
como actores que conocen su final.

Y al salir,
las luces del bar parpadean
como si también se despidieran.

El abrazo es breve,
casi por trámite.
        Afuera llueve.
        Adentro, todavía.

El abrazo esperado

Salimos del bar.
La lluvia seguía cayendo,
como si el cielo tampoco supiera despedirse.

Dijiste algo —no recuerdo qué—,
solo el temblor en tu voz,
como si las palabras pesaran demasiado.

Y entonces pasó.
Sin pensarlo.
Sin permiso.
El abrazo.
El ruido del mundo se apagó,
y en su lugar
solo existió la calma.
Sentí el vino en tu aliento,
la lluvia en tu abrigo,
tu corazón intentando hablar
desde el silencio.

Ahí supe que la cura siempre estuvo ahí,
esperando que alguien se atreviera
a abrir los brazos.

Nos separamos despacio,
sin promesas.
      Pero algo volvió a su lugar.

La fábula del ciervo y del león

Dicen que alguna vez,
cuando el bosque era joven
y el viento sabía los nombres de los animales,
un ciervo y un león caminaron juntos.

Compartían la sombra,
el río, el hambre y la calma.
No había jerarquía,
solo el pulso de dos vidas
que se reconocían en el silencio.

El león rugía para espantar la noche.
El ciervo lo miraba con ternura,
como quien confía en lo que podría destruirlo.

Fueron hermanos.
Fueron casa.
Fueron la historia que el bosque contaba con orgullo.

Pero el tiempo también muerde.
Y el miedo —ese animal más viejo que todos—
empezó a crecer.

Una noche,
cuando el río calló
y la luna dejó de mirar,
el ciervo se acercó.
Sus pasos eran suaves,
casi una caricia.
El león lo recibió con calma,
sin presentir el final.

Dicen que el bosque se quedó quieto,
que el viento contuvo su aliento,
que el fuego cerró los ojos.

El león cayó sin rugido,
y el ciervo huyó con el corazón abierto,
intentando no escuchar el eco.

Los hombres,
que nunca escuchan al bosque,
dijeron que fue el león,
porque el rugido siempre suena culpable.

No fue la garra,
ni el hambre,
ni el rugido.
        Fue el miedo.
        Fue el ciervo.
        Fue el amor
            que se volvió traición.

Celeste

La risa fue el último cristal.
Una voz,
        después,
                quebró el aire.
No hubo mundo cambiado,
solo el filo de la proximidad.

Hubo tacto sin mano,
palabra no dicha que quema.
El cariño se disfrazó de vacío
y al mirarlo,
ya no había nadie.

Solo la grieta,
diminuta y perfecta,
partió el alma en dos exilios.

El cielo se viste de tu nombre en tonos celestes.

No fue amor,
        fue la pérdida.
No hubo final,
        solo la caída del comienzo.

El olvido

Antes eras un apodo,
una palabra luminosa
que solo yo sabía pronunciar.

Después quedaste con tu nombre,
frío, correcto,
 como quien se aleja sin mirar atrás.

Luego solo el número,
una cifra sin alma,
esperando un mensaje que no llega.

Y un día,
el vacío:
 la pantalla limpia,
 la memoria no.

Los que no volvieron

Uno corría,
        otro reía,
                otro soñaba con ser policía.

Uno cayó,
        otro calló,
                otro no dijo adiós.

La calle guardó sus nombres,
        la esquina su sombra,
                el viento su voz.

Cantábamos juntos,
        jugábamos guerra,
                sin saber que la guerra
                        jugaba con vos.

Uno partió,
        otro se fue,
                nadie volvió a correr.

Las madres aún llaman,
        los muros responden,
                las fotos envejecen de pie.

Y yo sigo aquí,
        jugando solo,
                diciendo sus nombres
                      bajo el atardecer.

Los que se quedaron

Llaman sin urgencia.
Dejan la flor del recuerdo
sobre el tiempo que ya es tumba.
Ríen con el mismo trazo de la risa,
aunque el hueso del mundo les haya roto la voz.

No son la estela de un héroe,
ni el mármol de los mártires.
Son la simple respiración en la cercanía,
la obstinación frente a la distancia,
      a la costumbre,
      a la vida que es un cuchillo lento.

Quizá la inercia los retuvo,
o el no saber el arte del exilio.
Acaso se acostumbraron
al perímetro de una sombra ajena.
Y, sin embargo,
en esa torcedura de su presencia,
hay un milagro sin nombre.
No demandan, no explican, no esperan,
solo son la arquitectura del estar.

Por eso los miro con ternura,
como quien contempla algo que pronto dejará de existir.
Les doy las gracias por quedarse
porque quedarse es,
      a fin de cuentas,
      el más lento modo de marcharse.

El reencuentro

Llegamos llenos de cicatrices,
como una última medalla
contra el tiempo.

El círculo de nuevo
alrededor del fuego.
La risa es más alta que los años.
El tirano aguarda en un rincón.

Brindamos,
por la ausencia,
por la presencia.
El pacto entre todos
es una dulce mentira.

La memoria es luz.
La nostalgia,
por una noche,
calla.

Y cuando la risa se apaga,
solo queda un brillo en el aire,
como si el universo murmurara:
        valió la pena llegar hasta aquí.

Cuarto círculo.

El cuerpo es nuestra primera casa,
pero también puede ser nuestra primera prisión.
Nos miramos al espejo buscando ternura
y encontramos juicios.
Nos movemos como si alguien nos observara
siempre,
y ese alguien somos nosotros mismos,
convertidos en carceleros de nuestra propia piel.

Aquí la tristeza se dibuja en la cicatriz que
rechazamos,
en la voz interna que hiere,
en el miedo a no ser suficientes.
Este es un diálogo cruel con uno mismo,
una danza donde el reflejo nunca coincide
con el deseo de existir en paz.

Cartografía

He empezado a trazar mi cuerpo
como quien regresa a casa después de un largo exilio.

Aquí — donde la piel se curva —
viven los días que no quise recordar.
En esta cicatriz duerme un nombre antiguo,
y bajo esta sombra late una historia
que aún no perdoné.

Mis manos son brújulas sin norte,
aprenden a leerme de nuevo,
a traducir la memoria de la carne.

Hay geografías que solo se entienden al tacto:
el pliegue que guarda una lágrima,
la rodilla que aún tiembla de miedo,
la espalda donde el cansancio hizo su nido.

Cada hueso es una frontera.
Cada luna de piel, un territorio conquistado
por la costumbre de seguir vivo.

Me miro.
Y descubro que mi cuerpo no me pertenece:
es archivo,
       es refugio,
              es ruina y catedral.

He trazado el mapa hasta el corazón,
y al llegar,
no encontré un centro,
       sino una puerta.

Autorretrato

Hoy el espejo no me devuelve nada.
Solo un rostro ajeno,
como si alguien más estuviera usando mi piel.

No sé en qué momento me fui,
ni cuántas versiones de mí siguen respirando.
Cada una se parece menos a la anterior.

Miro.
       Parpadeo.
Desaparezco un poco más.

La habitación blanca

Todo está quieto.

Todo está en calma...

¿Lo está?

No hay pensamiento,
solo un rumor apagado
que podría ser mi respiración.

El corazón late,
pero no dice nada.
El silencio se expande
como una mancha de luz.

Aquí el tiempo no pasa,
solo flota,
        como el polvo
en una habitación sin ventanas.

Cierro los ojos
y es lo mismo:
dentro también hay blanco,
también hay miedo.

Pesos

Pesa la infancia que no entendí.
Pesa el nombre que me dieron.
Pesa la voz que no usé cuando debía.
Pesa la vergüenza heredada,
el miedo aprendido,
la culpa que no me pertenece.
Pesa la piel que ya no es la misma.
Pesa lo que callé,
lo que dije tarde,
lo que nunca debí decir.
Pesa el amor que no salvé,
las promesas que aún laten bajo el polvo,
las miradas que no supe sostener.
Pesa el cuerpo que se sostiene a sí mismo,
los huesos como pilares de un templo sin dios.
Pesa la memoria,
pesa el cansancio,
pesa el intento de olvidar.
Pesa la esperanza,
como una piedra tibia en el pecho,
como una luz que insiste en quedarse.

Carta de instrucciones para la serenidad

Querido yo,

Cuando el ruido del mundo te desborde
y el pensamiento te arda como un sol sin ocaso,
detente.

Detente como quien interrumpe una plegaria
para recordar que aún tiene voz.

Respira.

Hazlo con la devoción de quien pronuncia un
nombre sagrado.
Deja que el aire entre,
que inunde las ruinas,
que lave las sombras que te has permitido habitar.
No hay pureza en el vacío,
solo quietud,
y la quietud, si la miras con cuidado,
también respira contigo.

No persigas la calma:
        invócala.
Llámala por su verdadero nombre:
        presencia.
                La serenidad no llega a los veloces,
                sino a los que se rinden con
                elegancia
ante lo que no pueden cambiar.

Permítete el cansancio.
El descanso no es claudicar,
es un pacto entre el cuerpo y la eternidad.
Duerme como duerme el mar cuando nadie lo mira:
sin miedo a su propio fondo.

Y cuando el miedo vuelva —porque siempre vuelve—,
recíbelo con la cortesía que se le ofrece a un huésped antiguo.
No lo expulses,
déjalo sentarse a tu mesa
hasta que se aburra de estar solo.

Entonces, y solo entonces,
sabrás que la serenidad no se alcanza:
se recuerda.
Estaba contigo antes del nombre,
antes de la herida,
antes incluso del primer aliento.

Con una ternura que no exige,
te abraza,

tú mismo.

La espiral

No se calla.
No se apaga.
Solo gira.

    Una frase.
    Otra.
    Un recuerdo mal puesto.
    Un miedo viejo con nombre nuevo.

        ¿Y si fallo?
        ¿Y si ya fallé?
        ¿Y si esto nunca termina?

        Todo vibra.
        El pecho, la sien, el aire.
        No hay ruido afuera:
        todo suena adentro.

    Cada idea tropieza con la siguiente.
    Cada pregunta abre otra grieta.
    Y sigo cayendo.

  No sé en qué momento empecé a correr.
  Ni por qué sigo quieto.

El silencio no llega.
Solo un zumbido.
Constante.
Casi humano.

Pienso en parar.
Pero pensar también es caer.
Y sigo cayendo.
Y sigo cayendo.
Y sigo cayendo.

Y sigo cayendo.

Y sigo cayendo.

Y sigo cayendo.

Y sigo—

Piel prestada

Un huésped mueve mis manos.
Habita en mí
una voz que no obedece.

El cuerpo asiente.
        Yo miro desde lejos.
                Respiro, pero no soy.

Sombras que se mueven solas

Hay un temblor en mis huesos,
una corriente que no obedece.
La carne recuerda algo que yo no sé.

> Soy el eco de tus gestos,
> la raíz que crece debajo del sueño.
> Vengo de los lugares donde no te
> nombran.

Te presiento en la respiración,
en la pausa antes del miedo,
en el pulso que insiste cuando ya no quiero estar.

> No soy sombra: soy la forma que
> negaste.
> Soy la infancia que tiembla detrás de
> tus ojos cerrados.

Te he visto en la sangre que no cicatriza,
en el cansancio que no pertenece al día.
¿Eres mío o me posees?

> No poseo: despierto.
> Tu cuerpo es la lámpara;
> yo, la llama.

Entonces quédate, pero no me ardas.

> Arder es el único modo
> que tengo de abrazarte.

La grieta

Primero fue un sonido.
        No el del trueno,
       ni el del viento.
Un sonido sin boca,
una línea que se abría en la luz.

La piedra se partió en silencio.
El agua tembló en su lecho,
y hasta el aire pareció mirarse a sí mismo.

       Nadie lo notó,
pero el mundo se inclinó un poco,
como si recordara su peso.

De la grieta brotó un resplandor antiguo,
        una claridad que dolía,
un pulso que no venía del corazón.

No hubo destrucción.
Hubo revelación,
como una serpiente cansada del principio.

Y entonces comprendí:
        todo lo que se rompe
                quiere volver a empezar

Espejo

Que venga la noche,
       el derrumbe,
              el olvido.

Que venga con su boca rota
       a escupirme los ojos,
con sus uñas de sombra
a desgarrarme la espalda.

Estoy listo.
       No por valiente,
sino por animal,
       por terco,
por humano.

Porque el dolor me ha parido tantas veces
que ya no le debo la vida a nadie.
He llorado con los puños cerrados,
con la cara contra el suelo,
mordiéndome el grito
para que no me lo roben también.

¿Qué importa si sangro?
¿Qué importa si tiemblan las rodillas?

Aun con los huesos partidos,
con la piel hecha trizas,
mi alma no se arrodilla.

Me han querido doblar con culpa,
con hambre,
        con sermones.
Me han querido borrar con decretos
        y diagnósticos.

Pero sigo.

Con el pecho hecho ruina,
con la voz llena de polvo,
sigo.

Porque no nací para ser estatua,
ni mártir, ni mármol.

Nací para sudar mi nombre,
para gritarlo sin permiso,
para mirarme al espejo,
aunque no me guste,
y aun así decirme:
"No, no te mueras todavía."

Que me rompan,
que me arranquen los nombres,
que me escupan la historia.

Pero mientras respire,
mientras este cuerpo aún arda,
no les daré el gusto
de verme rendido.

Equilibrio

No hay luz sin sombra,
ni calma sin la herida que la llama.
He aprendido que el día
solo existe porque la noche lo sostiene,
que la alegría también se alimenta
de lo que alguna vez dolió.

A veces me hundo,
a veces floto,
pero siempre regreso al centro,
no porque lo entienda,
sino porque me llama.

A veces soy la piedra,
a veces el río,
y está bien.

La quietud también se mueve.

Pulso

No brilla.
Arde.

El corazón no es luz:
es incendio contenido,
estrella cansada que aún respira.

Golpea el pecho
como quien pide entrar al mundo otra vez.
Cada golpe es una llama,
una palabra que no necesita pronunciarse.

Late —
y en su temblor se ordena el caos,
se reparan los nombres,
se encienden los cuerpos.

Nada es eterno,
pero cada pulso promete volver.
Por eso vivimos:
        porque el fuego no sabe estarse quieto.

Quinto círculo.

Entre silencios y heridas,
siempre hay un gesto que resiste:
un abrazo inesperado.

La familia es raíz y sombra.
Allí aprendimos a decir "te amo"
y también a callar lo que nos duele.
Es el primer refugio,
pero también la primera herida.

La tristeza es un eco antiguo:
la palabra que no se dijo,
el abrazo que nunca llegó,
el silencio que pesa en la mesa compartida.
La familia nos ata y nos salva,
nos hiere y nos nombra.
Es el círculo más profundo,
porque de él nacen todos los demás.

La casa

Un amanecer tibio,
una respiración que se extendía por las paredes
como si cada rayo de luz
supiera exactamente dónde posar.

    Ahora guarda silencio,
recoge polvo donde antes guardaba voces,
deja caer su sombra como un abrigo viejo
que ya nadie reclama.

    La casa duele porque recuerda lo que
nosotros olvidamos.

Herencia

      Heredo gestos que nunca elegí,
maneras de guardar lo que no digo,
la sombra de un temor que va conmigo
y un modo antiguo de doler en mí.

      Heredo miedos que no puse allí,
sus pasos inseguros van conmigo;
heredo el eco torpe de un castigo
que en otros nombres ya escuché por mí.

      Heredo el arte quieto de la herida,
la voz que se interrumpe en media vida,
la culpa que se anuda sin razón.

      Heredo, al fin, la historia que me hiere;
y aunque la enfrento, nada la detiene:
respira en mi apellido su dolor.

Álbum de fotos

Hay rostros que heredé sin haberlos mirado,
sonrisas detenidas en un tiempo que no me pertenece,
miradas que parecen buscarme
desde un silencio que nunca escuché.

      Los observo:
un tío que murió joven,
un abuelo que todos describen como un vendaval,
una niña que nunca llegó a cumplir los años que tengo ahora.

      Viven aquí,
en estas páginas que crujen como huesos viejos,
en el polvo dorado que se alza
cuando el álbum se abre
como si fuera un pequeño ritual doméstico.

Sé de ellos solo por la voz de otros,
por las historias que se afilan con el tiempo,
      por los gestos que aún repite mi madre
cuando cree que nadie la mira.

Nunca me rozaron la piel,
nunca dijeron mi nombre,
pero en cada fotografía siento
una insistencia tenue,
      una especie de llamado desde un pasado que no es mío
y aun así me reclama.

Duelen,
no por lo que fueron,
sino por lo que nunca pude preguntarles.

Son una ausencia heredada,
un mapa incompleto,
un linaje que me mira desde un papel gastado
como si yo fuera
el recuerdo que ellos no alcanzaron a tener.

Nombre del padre

Padre,
un día dejé tu nombre
porque me dolía cargarlo.
No buscaba herirte:
solo necesitaba oír mi voz
sin la tuya detrás.

Años después,
el espejo insiste.
Tus gestos vuelven en mí
como una sombra que no elegí
pero conozco.

Te escribo para soltar,
no para volver.
No recupero tu nombre,
pero tampoco huyo de él.

Soy tu reflejo,
no tu destino.

Y con eso tengo.

Norela (Canción de la madre)

Madre,
esta carta no va a encontrarte,
pero igual la escribo
porque hay cosas que solo el silencio sabe guardar.

Gracias
por las canciones de domingo,
esas que aún se encienden en mi memoria
como si la casa siguiera viva
solo por escucharte.

Gracias
por enseñarme a cocinar despacio,
a revolver la olla como quien acaricia el tiempo,
a entender que el amor también es fuego que no quema.

Gracias
por darme todo lo que no tenías,
por sostener el mundo con las manos heridas,
por convertir el cansancio en abrazo
y la escasez en risa.

Hay días en que me miro al espejo
y no sé quién soy,
pero entonces encuentro tu gesto,
tu leve torpeza luminosa,
y recuerdo que vengo del amor,
no del miedo.

Madre,
si alguna vez dudé de merecerte,
perdóname.
El amor también se asusta
cuando es tan grande.

No necesito que leas esto.
Ya lo sabes:
tu nombre es el único que sigo diciendo
cuando el mundo se rompe.

Y cada vez que canto bajito,
es tu voz la que vuelve
a enseñarme a quedarme.

Los hijos

Acto I

Llegaste como un relámpago
que no pide cielo.
Torciste el rumbo,
rompiste la quietud,
y en tu irrupción entendí
que también la vida se escribe
a contraluz.

Fuiste la hora luminosa
que me enseñó a despertar.

Acto II

Tu llegada fue un susurro,
un hilo de agua
corriendo por dentro.

Trajiste la calma
que nunca supe invocar,
la certeza suave
de que cuidar
también es salvarse.

En tu nombre
descansó mi mundo.

Acto III

Apareciste como un amanecer
donde antes solo había invierno.
No irrumpiste:
revelaste.

Fuiste la forma del amor
antes de que yo pudiera nombrarlo,
la luz que no promete—
simplemente sucede.

En vos comprendí
que el corazón también florece
cuando ya había olvidado la estación.

Cucharas y tenedores

Alguna vez la mesa fue un continente:
cucharas que chocaban como olas,
tenedores que marcaban el ritmo
de una conversación interminable.

Éramos muchos,
tanto que el aire tenía nombre
y la risa cabía en cada esquina.

Pero los años se llevaron sillas,
las servilletas quedaron intactas,
los platos aprendieron a esperar en silencio.

Una a una,
las voces se fueron deshilando
como un mantel viejo.

Hoy la mesa es un testigo cansado.
Apenas dos cubiertos
descansan sobre la madera:
dos cucharas,
       dos tenedores,
dos presencias que insisten en quedarse
aunque la mesa recuerde el peso de lo que falta.

Comemos despacio,
como si cada bocado sostuviera un recuerdo,
como si al masticar pronunciamos
los nombres que ya no vuelven.

Y así será,
hasta que la casa cierre los ojos
y esta mesa, fiel a su rito,
permanezca siempre con cucharas y tenedores,
para mí,
        para vos,
                para dos.

A la memoria de todos mis muertos

No escribo para despedirme,
sino para que no se vayan del todo.
Porque hay muertes que ocurren en silencio,
cuando el nombre deja de decirse
y la memoria se distrae.

A ustedes los cargo como se carga una casa:
no siempre se nota, pero sostiene.

    Martina,
tu amor sabía a comida caliente,
a platos llenos sin preguntas,
a ese gesto simple de alimentar
como quien protege al mundo.
Aún hoy, cada vez que alguien cocina con cuidado,
sos vos la que vuelve.

    Luis Carlos,
había música en tu manera de estar,
un ritmo suave que ordenaba el día.
No importaba el ruido afuera:
con vos todo encontraba compás.

    Zoe,
tus historias eran puertas,
y cada palabra tuya abría un camino distinto.
Nos enseñaste que recordar
también puede ser una forma de viajar.

Chucho,
reíste incluso cuando dolía,
hiciste del chiste un refugio,
del humor una trinchera contra el miedo.
Todavía la risa se parece a vos
cuando llega sin aviso.

　　　Nicolás,
servir fue tu lenguaje,
estar fue tu manera de amar.
Nunca pediste lugar,
pero fuiste casa para muchos.

A todos ustedes los nombro para que sigan
ocurriendo.
Porque el duelo no es olvidar,
es aprender a vivir atravesados por la ausencia
sin que duela cada vez igual.

Y aun así, confieso el miedo:
los que quedan también se irán,
las voces se apagarán una a una,
y algún día alguien dirá mi nombre por última vez.

Por eso escribo.
Para que el amor no se oxide,
para que la memoria no se canse,
para que esta sea la única muerte que no les permito.

Mientras los nombre,
mientras los recuerde con cariño,
ustedes siguen aquí.

Séptimo día

Los domingos pesan.
Pesan más que el resto.
El tiempo se vuelve largo.
La soledad ocupa la casa.
Todo parece innecesario.
Hasta que llegan ellos,
       y el peso se reparte.

Heridas

Hay dolores que no elegí,
vienen firmados con mi sangre;
los cargo como quien heredó
un mapa roto que aún arde.

Aprendí a amar con precaución,
a callar cuando algo sangra,
como si el miedo fuera ley
y el silencio nos salvara.

No son mías, pero me habitan,
me nombran sin preguntarme;
esa es la herencia más cruel:
llevar cicatrices con apellido.

La voz de mamita

La oigo, aunque nadie cante.

La oigo cuando el día pesa.

Tiene tambor en la garganta
y azúcar en la tristeza.

Dice mi nombre sin llamarme,
me endereza el pensamiento,
pone música en la herida
y sabor en el silencio.

Su voz no sabe de tumbas,
sabe de fuego y de fiesta,
de llorar bailando lento
y de reír con la pena.

Cuando todo se me cae,
cuando dudo de quedarme,
su voz vuelve y me sostiene
como quien sabe salvarse.

No se fue.
Se hizo ritmo.
Y mientras yo siga vivo,
ella canta en mi sangre.

Hogar

Hogar no es la casa donde nací,
sino el lugar donde decido quedarme.

No son las paredes viejas
ni los apellidos repetidos,
sino la forma en que alguien pronuncia mi nombre
cuando el día pesa.

Hogar es elegir,
poner la mesa incluso cuando falta alguien,
encender la luz sin miedo a la noche,
quedarse.

Es construir con lo que hay,
con amor imperfecto,
con promesas pequeñas que se cumplen despacio.

Hogar es eso que no se hereda,
pero se cuida.

Y hoy lo sé:
también se aprende.

Sexto círculo.

Queremos escalar montañas,
pero cada cima se disuelve en otra más alta.
Empujamos nuestra piedra como Sísifo,
con la esperanza de que, al llegar arriba,
el vacío se convierta en plenitud.

Pero no hay cima más alta
que la que se encuentra en un segundo.
Un café en calma,
una canción que toca el alma,
una pequeña victoria
que hace olvidar la montaña.

Ese instante basta.

La tristeza aquí es un espejo roto:
muestra logros que no alcanzan,
metas que no salvan,
victorias que se sienten como derrotas.
En este círculo la vida parece un esfuerzo sin final,
y la realización un espejismo que huye
cada vez que intentamos tocarlo.

Realmente era esto...

No era esto.
Era más áspero,
más lento,
más carne que idea.

No llegó como una meta,
llegó como cansancio.
Como manos sucias.
Como seguir igual.

Me equivoqué mucho.
Viví sin entender.
Avancé a tientas.

Y aun así,
respiré.
Amé algo.
Me quedé.

No era lo que soñé,
pero era vida
pasando por mí.

Y eso,
por hoy,
alcanza.

Vocación

Hago lo que hago
no para existir,
sino para estar.

Porque en el gesto pequeño
—hecho con cuidado—
algo del mundo se ordena,
aunque nadie lo note.

No soy mi trabajo,
pero en él dejo
una parte honesta de mí.
No me nombra,
pero me reconoce.

Hay sentido
en dar forma a lo cotidiano
y luego retirarse,
como quien enciende una luz
y no se queda mirándola.

Eso es vocación:
servir sin desaparecer,
hacer sin confundirse,
volver intacto
al final del día.

Fracasar bien

Aprendí a caer
sin pedir permiso.
A no esconder la rodilla raspada,
a no llamar fracaso
a todo lo que no salió
como lo soñé.

Fracasar bien
es no romperse por dentro.
Es levantarse sin rabia,
sin explicaciones,
sin la urgencia de tener razón.

Caí muchas veces,
pero no me perdí.
Ajusté el paso.
Cambié de ritmo.
Seguí.

Porque el error también avanza,
porque la caída enseña el peso real del cuerpo,
porque nadie llega lejos
sin aprender a sostenerse mal.

El momento

No es mañana.
No es cuando todo esté listo.
Es ahora,
aunque tiemble.

La vida no avisa:
pasa.
Y lo que no se intenta
se vuelve silencio.

Hay instantes que no regresan,
puertas que solo se abren una vez,
palabras que, si no se dicen,
aprenden a doler.

Por eso intento.
Aunque no sepa.
Aunque no gane.

Porque vivir
no es acertar,
es atreverse
cuando el momento respira
y pide ser tomado.

Y este —
este preciso segundo—
no se repite.

Presente continuo

Mira el atardecer.
No lo grabes.
Déjalo pasar por los ojos
y quedarse.

Suelta el celular un momento.
El mundo no se va a ir.
Vos sí,
si no estás.

Respira.
Así,
como si nadie te estuviera esperando
en otro lado.

Abraza a quien tienes cerca.
No hace falta decir nada.
El cuerpo también entiende.

Esto es todo.
Y es suficiente.

La quietud

Hoy no avanzo.
Y no es derrota.

El cuerpo eligió quedarse,
no por cansancio,
sino por atención.

Late igual.
Respira.
Sostiene el mundo
desde la quietud.

Hay días en que no moverse
es la única manera
de no romperse.

El silencio también trabaja.
La pausa también construye.
La espera afina el pulso.

No todo impulso es huida.
No toda quietud es miedo.

A veces,
quedarse
es el gesto más honesto
que el cuerpo puede ofrecer.

Subjuntivo pluscuamperfecto

Hubiera sido distinto.

Eso dicen los verbos que no ocurrieron,
las frases que empiezan
cuando ya es tarde.

Hubiera tomado otro camino,
hubiera dicho que sí,
hubiera llegado antes,
hubiera sido.

Los sueños no realizados
viven en ese tiempo extraño
donde nada pasó
pero todo casi sucede.

A veces vuelven
como una punzada suave,
no para herir,
sino para recordar
que también fui deseo.

No reniego de ellos.
Me enseñaron a imaginar,
a querer algo más grande
que el miedo.

Pero hoy conjugo en presente.
No como derrota,
sino como elección.

Porque no todo lo que no fue
es pérdida.

Algunas cosas no pasaron
para que esto —
justo esto —
pudiera existir.

No todo arde

No todo arde.
      Pero algo permanece encendido.

Aprendí que no hace falta quemarlo todo
para seguir de pie.
Que la guerra también se gana
sabiendo qué no destruir.
He visto caer ciudades dentro del pecho,
he visto nombres volverse ceniza,
he sentido el cansancio pedir tregua.
Y, aun así,
      algo no se apaga.

No es furia.
      No es rabia.
            Es una brasa terca
que resiste al viento,
que no ilumina,
      pero sostiene.

He marchado con el miedo a cuestas,
con el cuerpo herido
y la fe remendada a mano.
He aprendido a pelear sin ruido,
a avanzar sin estandartes,
a sobrevivir sin promesas.

No todo arde
porque no todo debe morir.
Hay fuegos que no arrasan:
preparan.

Ese es el mío.
No grita.
No consume.
Arde bajo la piel
como una orden silenciosa.

Cuando todo parece terminado,
cuando el suelo cede
y la noche se vuelve larga,
ese fuego insiste.
Marca el pulso.
Levanta el cuerpo.

        No todo arde.

Pero lo que queda
alcanza para seguir avanzando.

La medida humana

Mi cien por ciento
no se parece al de nadie.

Hay días en que alcanza,
y días en que apenas sostiene.
Ambos cuentan.

Aprendí que no todo límite es fracaso,
que saber hasta dónde llegar
también es una forma de cuidado.

No vine a rendir más que mi cuerpo,
no vine a romperme para cumplir medidas ajenas.
Vine a dar lo que tengo
cuando lo tengo.

Hay dignidad en parar,
en decir "hasta aquí",
en reconocer el borde
antes de caer.

Mi medida es humana.
Imperfecta.
Variable.
Suficiente.

Aprender a quedarse

Aprendí a quedarme
cuando entendí que huir también cansa.

A quedarme
cuando el amor dejó de ser espectáculo
y se volvió cuidado.

A quedarme
cuando nadie prometía nada
y aun así había presencia.

A quedarme
cuando lo fácil era irse,
cuando lo valiente era sostener.

A quedarme
no por costumbre,
sino por elección.

En un mundo que descarta,
quedarse es un acto radical.
Y yo elegí aprender.

Seguir

Son las seis de la mañana
y el mundo no promete nada.

La cabeza sigue llena,
las batallas no se fueron,
el cansancio todavía habla.

Pero el cuerpo se levanta.

Pone los pies en el suelo,
respira,
enciende la luz
aunque no tenga ganas.

No es valentía.
Es decisión.

Seguir no es vencer,
es insistir.
No es entenderlo todo,
es no rendirse hoy.

Hacer café.
Abrir la ventana.
Moverse.
Eso basta.

Porque seguir
—así,
simple,
torpe,
real—
también es una forma
de estar vivo.

Los círculos de la tristeza

No fue una línea recta.
Nunca lo es.

Fue volver una y otra vez
al mismo punto
con los ojos un poco más abiertos,
con menos miedo,
con más cuerpo.

La tristeza no llegó para quedarse,
llegó para mostrar.
Para enseñar a detenerme,
a escuchar lo que dolía
antes de que se rompiera.

Aprendí que no todo lo que pesa es castigo,
que a veces el cansancio
es solo el cuerpo pidiendo verdad.
Que el trabajo no es identidad,
que el amor no es posesión,
que la amistad también se transforma,
que la familia puede doler
y aun así sostener.

Atravesé el ruido,
la ansiedad,
el espejo que no devolvía mi rostro.

Cargué nombres que no elegí,

heridas que no abrí,
ausencias que no entendí.

Y aun así seguí.

No porque fuera fuerte,
sino porque estaba vivo.

Entendí que la vida no se supera:
se atraviesa.
Que no hay luz sin sombra,
ni alegría sin memoria,
ni calma que no haya conocido el temblor.

Los círculos no fueron un error.
Fueron camino.

Cada regreso trajo algo distinto:
menos juicio,
menos urgencia,
más compasión.

Hoy no busco escapar de la tristeza.
La reconozco.
La saludo.
Le agradezco lo que me enseñó
y la dejo pasar.

Porque pasa.
Todo pasa.

Lo bueno no se queda para siempre.
Lo malo tampoco.

Y en ese vaivén
—en ese pulso imperfecto—
la vida ocurre.

Me elijo con mis matices,
con mis dudas,
con mi forma humana de amar,
de fallar,
de volver a intentar.

No soy quien era.
No soy quien soñé.
Soy quien quedó después de atravesarlo todo.

Y eso basta.

Si vuelvo a caer,
sé el camino de regreso.
Si la tristeza vuelve,
ya no me asusta.

Porque entendí algo simple,
algo esencial:

la vida no se trata de salir del círculo,
sino de aprender a caminar dentro de él
sin perderse.

Y mientras haya respiración,
mientras haya pulso,
mientras haya un día más
para elegir seguir,
todo — absolutamente todo—
estará bien.

Medellín, 2026

Made in the USA
Coppell, TX
13 February 2026

71986042R00083